Laura Blücher

Bastel-Ideen mit Naturmaterial

CREATIV COMPACT

CHRISTOPHORUS

Inhalt

Schöne Herbsttage

Langsam wird es Herbst, die Blätter färben sich in den schönsten Farben und fallen von den Bäumen. Das ist die ideale Jahreszeit für spannende Spaziergänge mit Kindern, denn es gibt viel zu entdecken: Zapfen, Eicheln, Bucheckern, Moos, Rinde, Federn und viele andere Herbstfrüchte. Zu Hause lässt sich aus den gesammelten Schätzen vielerlei basteln. Die Kinder können ihrer Fantasie freien Lauf lassen und schon bald entstehen kleine Waldfeen, lustige Wichtel und originelle Tierfiguren.
Viel Spaß beim Sammeln und Basteln!

Tipps

- Nur Pflanzen sammeln, die nicht unter Naturschutz stehen.
- Baumfrüchte wie Kastanien, Eicheln usw. langsam an der Luft trocknen lassen. Beim schnellen Trocknen über der Heizung schrumpft das Naturmaterial und wird mürbe.
- Zum Aufbewahren Schuhkartons verwenden. Das Material locker hineinlegen und nicht aufeinander stapeln. Plastiktüten sind ungeeignet, da das oft noch feuchte Naturmaterial leicht schimmelt.
- Herbstblätter zum Pressen einzeln zwischen zwei Lagen Zeitungspapier legen und mehrere Tage lang mit Büchern beschweren.
- Herbstblätter können auch ohne Pressen getrocknet werden, sie wölben sich zwar, sehen aber auch so sehr dekorativ aus.
- Die meisten Naturmaterialien lassen sich gut mit Alles- oder Bastelkleber verbinden. Für schnelles, punktuelles Kleben eignet sich die Niedertemperatur-Klebepistole Lt 110 von UHU. Den Klebstoff auftragen und die zu verklebenden Teile sofort zusammenfügen.
- Auf dem Vorlagebogen sind alle Motive aus Papier in Originalgröße abgebildet. Zum Übertragen der Linien Kohlepapier zwischen Vorlage und Werkmaterial legen und das Motiv mit Bleistift durchpausen.

Kleiner Naturführer

1 Fruchthülle der Edelkastanie (Garten-, Park- und Waldbaum)

2 Samen der Rosskastanie (Wald-, Straßen-, Park- und Gartenbaum)

3 Stein des Walnussbaums (ohne Hülle abgebildet; Gartenbaum)

4 Frucht der Platane (Straßen- und Parkbaum)

5 Fruchtzäpfchen und Blütenkätzchen der Schwarzerle

6 Kapselfrüchte des Blauglockenbaums (Gartenbaum)

7 Früchte der Linde (Wald-, Park- und Straßenbaum)

8 Mohnkapsel

9 Früchte der Waldrebe mit zottigen Anhängen

10 Kürbis- und Melonensamen

11 Douglasienzapfen (Garten- und Forstbaum)

12 Fichtenzapfen (Waldbaum)

13 Schwarzkiefernzapfen (Bergwald-, Garten- und Parkbaum)

14 Bergkiefernzapfen (Bergwald-, Garten- und Parkbaum)

15 Lärchenzapfen (in Höhenlagen bis zur Baumgrenze)

16 Zapfen der Zypresse (Garten- und Friedhofsbaum)

17 Stachelborstige Fruchthülle der Buche (enthält „Bucheckern“)

18 Feuerdornbeeren, je nach Sorte in Orange oder in Rot

19 Weidenröschen (auf Rodungsflächen im Wald)

20 Hagebutte, Frucht der Heckenrose

21 Fruchthülle der Haselnuss

22 Getrocknete Kelchblätter von Malven

23 Fruchthülle der Lampionblume (Gartenpflanze)

24 Schilfrispe (Bachrand, Moor, Feuchtwiese)

25	Bergahorn (Straßen-, Garten-, Park-, Waldbaum), Flügelfrüchte	30	Eiche (Wald- und Parkbaum)
26	Kapsel der Nigella/Jungfer im Grün (Gartenpflanze)	31	Sommerlinde (Garten-, Park- und Alleebaum)
27	Spitzahorn (Garten-, Straßen-, Park- und Waldbaum)	32	Kirsche (Gartenbaum)
28	Purpur-Fächerahorn (Gartenbaum)	33	Essigbaum (Gartenbaum)
29	Silberahorn (Garten-, Park- und Straßenbaum)	34	Ginkgo (Straßen-, Garten- und Parkbaum)

Blätterfeen & Laterne

Material

Kleine Blätterfeen

- Fotokartonreste in Hautfarbe, Orange, Rot, Braun
- Gepresste Blätter, z. B. von Ginkgo (Körper), Esche (Füße)
- Ahornflügel
- Getrocknete rote Beeren (Mützenquaste)
- Wollreste in Weiß
- Filzstift in Schwarz
- Holzfarbstift in Rot

Laterne

- Architektenpapier
- Aslanfolie (doppelseitige Klebefolie)
- Gepresste Blätter
- Getrocknete rote Beeren
- Rosskastanien
- Teelichter

Vorlage A

Blätterfeen

1 Die Stängel der Ginkgoblätter abschneiden. Für jede Figur zwei Blätter versetzt aufeinander kleben und oben zwei Ahornflügel nebeneinander fixieren.

2 Hüte und Gesichter vom Vorlagebogen auf Fotokarton übertragen und ausschneiden. Die Hüte auf die Gesichter kleben. An der Mützenspitze eine Beere anbringen.

3 Mund und Augen mit dem Filzstift, Wangen mit dem Holzfarbstift aufmalen. Die Köpfe mittig auf die Ahornflügel kleben. Darunter Schleifen aus Wolle anbringen.

4 10 cm lange Wollfäden als Beine an die Körperrückseite kleben, unten längliche Blätter als Füße befestigen.

Tipp: Die Figuren mit Klebepads direkt am Fenster fixieren oder an den Hüten Aufhängefäden aus Nähgarn anbringen.

Laterne

1 Architektenpapier auf 40 x 13,5 cm, Aslanfolie auf 40 x 5 cm zuschneiden. Die Klebefolie 3 cm vom unteren Rand entfernt auf das Architektenpapier aufkleben.

2 Getrocknete Blätter nebeneinander überlappend auf dem Klebefolienstreifen anordnen. Am oberen Laternenrand Beeren fixieren.

3 Die Laterne röhrenförmig zusammenkleben und Teelichter hineinstellen. Rosskastanien um die Laterne legen. *Variante:* Die Kastanien durch Walnüsse, Bucheckern usw. ersetzen.

Eule

Material

- Fotokarton in Braun
- Strohseide in Braun
- Weizenähren (Schnabel, Füße)
- Gepresste Blätter, z. B. von Eiche, Ahorn (Flügel, Bauchfedern)
- Getrocknete rote Beeren (Augen)
- Schilfrispen (Federohren)
- Zweig mit Zapfen, z. B. von der Lärche

Vorlage B

Tipp:

Die Vorlage mit dem Fotokopierer verkleinern und die große Eule durch mehrere kleine Eulen ergänzen, eventuell als Mobile gestalten.

1 Die Strohseide mit Klebestift flächig auf Fotokarton kleben und trocknen lassen.

2 Die Eule von der Vorlage auf die Fotokartonseite übertragen und ausschneiden.

3 Die Beeren als Augen und eine halbe Weizenähre als Schnabel platzieren. Die Schilfrispen als Federohren an der Rückseite befestigen. Das Ahornblatt auf den Bauch kleben und seitlich davon die Eichenblätter als Flügel. Unten Abschnitte der Weizenähre als Füße anbringen.

4 Den Zweig mit Zapfen unten auf der Rückseite der Eule festkleben.

Schnecken

Abbildung und Materialangaben Seite 10/11

1 Die Schnecken vom Vorlagebogen auf grünen bzw. orangefarbenen Fotokarton übertragen. Den Fotokarton auf eine weiche Unterlage legen und „ausprickeln“, d. h. mit der Prickelnadel eng nebeneinander gesetzte Löcher entlang der Linie einstechen. So kann das Motiv herausgelöst werden.

2 Gepresste Blätter auf das Schneckenhaus kleben. Kleine Zweige als Fühler an der Kopfrückseite befestigen. Eine Beere als Nase aufkleben und mit dem Filzstift Augen und Mund aufmalen.

3 Holzperlen auf eine Bastschlaufe auffädeln. Unten einen Knoten setzen und die Bastenden auf der Rückseite der Schnecke mit Klebefilm fixieren.

Schnecken

Material

- Fotokarton in Hell-orange, Olivgrün
- Gepresste Blätter
- Kleine Zweige (Fühler)
- Getrocknete rote Beeren (Nasen)
- Je 3 Holzperlen in Natur, 15 mm Ø
- Bast in Natur
- Prickelnadel und weiche Unterlage, z. B. Moosgummi- oder Styroporplatte
- Filzstift in Schwarz
- Klebefilm

Vorlagen
C1, C2

Anleitung Seite 8

Kastanien-Igel

Material

- Ton in Braun, ersatzweise Knetmasse
- Stachlige Schalen von Rosskastanien, halbiert
- Getrocknete orangefarbene Beeren (Nasen)
- Zahnstocher
- Plastikmesser
- Zeitungspapier als Unterlage

1 Mit beiden Händen eine etwa 3 cm dicke Kugel aus Ton rollen. Die Nase spitz ausformen und leicht nach oben biegen. Die Tonkugel mit dem Plastikmesser hinten abschrägen und unten abflachen. Die Kastanienschale aufsetzen und die Tonkugel der Schale anpassen.

2 Die Augen mit einem Zahnstocher einstechen und langsam drehend herausnehmen, damit sie etwas größer werden. Auch den Mund mit dem Zahnstocher einritzen. Eine Beere auf die Nasenspitze drücken. Den Ton trocknen lassen und die Kastanienschale mit der Klebepistole fixieren.

Zarte Elfen

Abbildung und Materialangaben Seite 14/15

1 Jeweils in die flache Unterseite der Eichel ein kleines Loch bohren (Kinder verwenden einen speziellen kindersicheren Kastanienbohrer, sonst führen Erwachsene die Bohrung mit Vorstecher und Bohrer aus).

2 Die Stängel der Schilfrispen abschneiden, die Rispen bündeln und in die Eichel einkleben. Darüber eine kleine Wollschleife binden.

3 Moos als Haare auf den Kopf kleben: Klebstoff auftragen, antrocknen lassen, Moos auflegen und fest andrücken. Augen und Mund mit Filzstift aufmalen.

4 Die Stängel der Ginkgoblätter abschneiden. Für ein Flügelpaar zwei Blätter etwas überlappend aufeinander kleben und an der Kopfrückseite fixieren.

Zarte Elfen

Material

- Ginkgoblätter (Flügel)
- Schilfrispen (Körper)
- Eicheln (Köpfe)
- Moos (Haare)
- Wolle in Weiß
- Wasserfester Filzstift in Schwarz
- Kindersicherer Kastanienbohrer oder Vorstecher und Handbohrer

Anleitung Seite 12

Material

Vogelscheuche
- Fotokartonrest in Hautfarbe
- Naturkarton, z. B. Kokospapier, Moonrock, Schnipselkarton in Orange oder Apricot
- Rest von Maulbeerbaumpapier in Grün
- Gepresste Blätter
- Linsen (Augen)
- Getrocknete rote und orangefarbene Beeren (Nase, Knöpfe)
- Heu (Hände)
- Hagebutten
- Filzstift in Schwarz
- Holzfarbstift in Rot

Raben
- Fotokartonreste in Gelb, Schwarz
- Gepresste Blätter
- Getrocknete orangefarbene Beeren (Augen)

Aufhängung
- Ast
- Zweig mit Beeren
- Gepresste Blätter
- Wolle in Weiß
- Nähgarn in Schwarz
- Nähnadel

Vorlagen D1, D2

Tipp:

Vogelscheuche und Raben direkt am Fenster befestigen und die Fensterbank mit Kürbissen und Äpfeln dekorieren.

Vogelscheuche

1 Kleid und Hut der Vogelscheuche von der Vorlage auf Naturpapier, das Gesicht auf Fotokarton übertragen und ausschneiden. In die Hutkrempe einen Schlitz schneiden.

2 Kleine Blätter als Kragen nebeneinander gereiht auf das Kleid kleben, dann den Kopf fixieren. Heu als Haare anbringen und den Kopf in den Schlitz der Hutkrempe stecken. Den oberen Teil des Zylinders an der Rückseite ankleben.

3 „Flicken" aus Blättern schneiden und auf das Kleid kleben. Beeren als Knöpfe anbringen. Auf der Rückseite des Kleides Heu an den Ärmeln und am unteren Rand fixieren.

4 Den Mund mit Filzstift auf das Gesicht malen. Eine Beere als Nase und zwei Linsen als Augen aufkleben. Pupillen auf die Linsen malen und Augenbrauen ergänzen. Mit einem roten Holzfarbstift Wangen aufmalen.

5 Die Raben von der Vorlage auf schwarzen Fotokarton übertragen, die Schnäbel auf gelben. Die Schnäbel falten und aufkleben. Darüber zwei Beeren als Augen platzieren. Die Rabenköpfe auf gepresste Blätter kleben.

6 Den Ast und den Beerenzweig zusammennehmen. In der Mitte einige Blätter auflegen und alles der Abbildung entsprechend mit weißer Wolle umwickeln. Die Fadenenden zu einer Schleife binden.

7 Bei allen Motiven Aufhängefäden aus Nähgarn anbringen und diese am Ast verknoten.

Material

- Tonpapier oder dünnes Naturpapier in Beige
- Kastanien (Köpfe)
- Ahornflügel (Füße)
- Kleine Zweige (Fühler)
- Kirschkerne (Nasen)
- Getrocknete orangefarbene Beeren (Augen)
- Wasserfester Filzstift in Schwarz

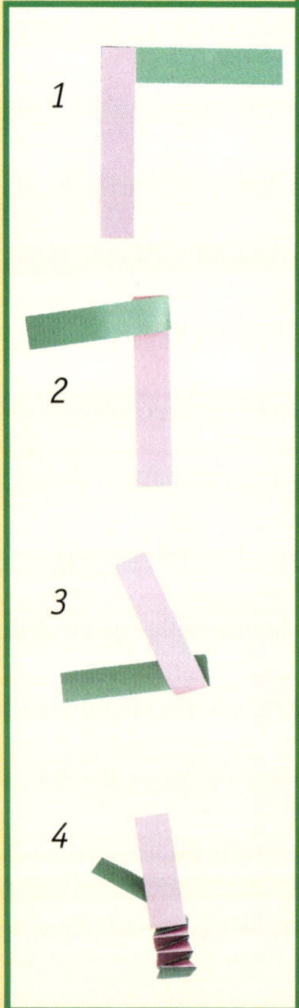

Kastanien-Raupen

1 Zwei etwa 3,5 cm breite und 33 cm lange Streifen aus Papier zuschneiden. Die Enden im rechten Winkel aufeinander kleben (Abb. 1) und die Streifen abwechselnd zur so genannten „Hexentreppe" übereinander falten (Abb. 2 bis 4). Die letzte Faltung offen lassen und mit der Schere abrunden, hier die Kastanie aufkleben.

2 In die Zwischenräume der Hexentreppe Ahornflügel einkleben. Zwei kleine Zweige als Fühler an die Kastanie kleben. Einen Kirschkern als Nase ansetzen und zwei Beeren als Augen. Den Mund mit einem Filzstift aufmalen.

Wichtel

Abbildung und Materialangaben Seite 20/21

Zapfenwichtel: Den Zapfen umdrehen und Ahornflügel als Füße ankleben. Eine getrocknete Apfelscheibe als Kragen aufkleben und darauf eine Eichel mit Hut anbringen.
Kastanienwichtel: Die Kastanie in der Schale lassen und mit Klebstoff fixieren. Ein Efeublatt als Kragen und eine Hagebutte als Kopf aufkleben.
Lampionwichtel: Auf die flache Seite einer Lampionblume entweder ein Efeublatt oder eine getrocknete Orangenscheibe als Kragen aufkleben. Als Kopf eine Hagebutte bzw. eine Eichel verwenden. Kastanienschale als Hut auf der Eichel fixieren. Jeweils das spitze Ende des Lampions auf ein Eichelhütchen kleben und dabei vorsichtig eindrücken.
Kürbiswichtel: Ein Efeublatt als Kragen auf den Kürbis kleben. Darauf eine Lampionblume als Kopf befestigen und die Buchen-Fruchthülle als Hütchen platzieren.
Bei allen Wichteln Augen und Münder mit einem Filzstift aufmalen.

Wichtel

Material

Zapfenwichtel
- Kiefernzapfen (Körper)
- Ahornflügel (Füße)
- Apfelscheibe (Kragen)
- Eichel und Eichelhütchen (Kopf, Hut)

Kastanienwichtel
- Rosskastanie mit Schale (Körper)
- Efeublatt (Kragen)
- Hagebutte (Kopf)

Lampionwichtel oben
- Lampionblume (Körper)
- Eichelhütchen (Fuß)
- Orangenscheibe (Kragen)
- Eichel (Kopf)
- Rosskastanienschale (Hut)

Lampionwichtel unten
- Lampionblume (Körper)
- Eichelhütchen (Fuß)
- Efeublatt (Kragen)
- Hagebutte (Kopf)

Kürbiswichtel
- Zierkürbis (Körper)
- Efeublatt (Kragen)
- Lampionblume (Kopf)
- Buchen-Fruchthülle (Hut)

Für alle
- Wasserfester Filzstift in Schwarz

Anleitung Seite 18

Kleine Hexen

Material

Hexen

- Fotokarton
- Filzreste in Bordeaux, Grün, Hellbraun
- Rosskastanien (Köpfe)
- Getrocknete rote und orangefarbene Beeren (Nasen, Knöpfe)
- Zweige (Arme)
- Kleine gepresste Blätter (Füße)
- Bastrest in Rot
- Wollreste in Weiß
- Schaschlikstäbe
- Wasserfester Filzstift in Schwarz
- Kindersicherer Kastanienbohrer oder Vorstecher und Handbohrer

Topf

- Tontopf
- Silberblatt
- Kleine gepresste Blätter
- Moos
- Blumenerde

Vorlage E

1 Den Filz für die Kleider mit Klebestift auf Fotokarton kleben und trocknen lassen. Die Kleider von der Vorlage auf die Fotokartonseite übertragen und ausschneiden.

2 Die Hutform nach der Vorlage mit Filzstift auf den Filz malen, ausschneiden und kegelförmig zusammenkleben.

3 Mit dem Kastanienbohrer unten in jede Kastanie ein Loch bohren (Kinder verwenden einen speziellen kindersicheren Kastanienbohrer, sonst führen Erwachsene die Bohrung mit Vorstecher und Bohrer aus) und den Schaschlikstab einstecken.

4 Für die Haare etwa 13 cm langen Bast quer über den Kopf kleben und darauf die fertigen Hütchen fixieren. Die Basthaare gleichmäßig abschneiden und in mehrere Stränge teilen. Eine Beere als Nase aufkleben und mit einem Filzstift Augen und Mund aufmalen.

5 Kleine Zweige als Arme und Schaschlikstäbe mit der Klebepistole auf die Rückseite der Kleider kleben. Auf der Vorderseite Beeren als Knöpfe anbringen.

6 Die Blätter für die Füße auf der Unterseite flächig mit Klebstoff bestreichen, damit sie stabiler werden, und einen etwa 8 cm langen Wollfaden auflegen. Trocknen lassen und die Fäden an den Rückseiten der Hexen festkleben.

7 Den Tontopf der Abbildung entsprechend mit Blättern und Silberblatt schmücken und mit Erde füllen. Zuletzt das Moos auflegen und die Hexengruppe hineinstecken.

Tipp: Den Tontopf weglassen und die Figuren als lustige Apfelhexen in schöne rote Äpfel stecken.

Material

Herbstbäume

- Fotokarton in Braun
- Getrocknete Blätter, z. B. von Ginkgo, Buche
- Baumrinde (nur von gefällten Bäumen!)
- Moos
- Eichel, Eichelhütchen

Pilz

- Fotokarton in Braun
- Maulbeerbaumpapier in Creme, Braun
- Getrocknete oder gepresste Blätter
- Ahornflügel
- Eichel
- Hagebutten
- Bucheckernfruchthülle
- Walnuss
- Zweig
- Getrocknete rote und orangefarbene Beeren
- Nussknacker
- Wasserfester Filzstift in Schwarz

Vorlagen
F, G

Herbstbäume & Pilz

Herbstbäume

1 Die Bäume von der Vorlage auf braunen Fotokarton übertragen und ausschneiden.

2 Die Baumrinde auf die Stämme aus Fotokarton kleben. Jeweils am Fuß des Baumes Moos fixieren und an der Baumkrone getrocknete Blätter überlappend aufkleben.

3 Die Moosfläche zusätzlich mit Eicheln und Eichelhütchen schmücken.

Pilz

1 Die Waldbodenfläche nach der Vorlage aus Fotokarton ausschneiden. Für Pilzhut und -stängel die Maulbeerbaumpapiere flächig auf Fotokarton kleben und trocknen lassen. Danach die Formen auf die Fotokartonseite übertragen und ausschneiden.

2 Den Pilz zusammensetzen und auf den Waldboden kleben. Den Pilzhut mit Beeren verzieren und den Boden mit Blättern und Herbstfrüchten ausgestalten.

3 Die Walnuss mit dem Nussknacker in zwei Hälften teilen. Kleine Blätter als Ohren, einen dünnen Zweig als Schwanz und eine Beere als Nase ankleben. Die Augen mit einem schwarzen Filzstift aufmalen und das Mäuschen auf dem Waldboden fixieren.

Tipp: Kinder in der Kindergruppe fertigen eine Gemeinschaftscollage mit vielen Pilzen und Mäusen an.

Patchworkbild

Material

- Doppelseitig beschichtete Wellpappe von einem Pappkarton, 44 x 32 cm
- Fotokarton in Creme, DIN A4
- Strohseidenreste in Orange, Beige
- Bastrest in Natur
- Ast
- Getrocknete orangefarbene Beeren (Nasen)
- Linsen (Augen)
- Gepresste Blätter, z. B. von Linde, Eiche, Buche, Silberweide
- Eichelhütchen
- Wasserfester Filzstift in Schwarz

1 Den Fotokarton mittig auf die Wellpappe kleben. Aus orange- und cremefarbener Strohseide jeweils vier kleine Quadrate von etwa 6 x 6 cm reißen. Die Quadrate der Abbildung entsprechend oberhalb und unterhalb des Fotokartons nebeneinander auf die Wellpappe kleben.

2 Die Strohseidenquadrate mit Linsen und Beeren bekleben und trocknen lassen.

3 Drei Blätter nebeneinander auf den Fotokarton kleben. Bei jedem Blatt zwei Linsen als Augen und eine Beere als Nase fixieren. Arme, Beine, Münder und Pupillen mit einem schwarzen Filzstift aufmalen.

4 Den Rand des Fotokartons mit länglichen Blättern bekleben und die Ecken mit eher runden Blättern verzieren.

5 In jede Ecke des Hintergrunds ein Eichelhütchen kleben. Auf der Rückseite zwei Bastschlaufen anbringen und den Ast durchziehen.

Freche Raben

Abbildung und Materialangaben Seite 28/29

1 Körper und Schnäbel von der Vorlage auf Fotokarton übertragen und ausschneiden.

2 Die Schnäbel aufkleben und darüber zwei Beeren als Augen fixieren. Gepresste Blätter als Flügel anbringen. Wollfäden als Kopffedern auf der Kopfrückseite platzieren.

3 Für die Beine 10 cm lange Wollfäden auf die Körperrückseite kleben und längliche Blätter als Füße befestigen.

Freche Raben

Material

- Fotokarton in Gelb, Schwarz
- Wollreste in Schwarz
- Getrocknete orangefarbene Beeren (Augen)
- Gepresste Blätter, z. B. von Hainbuche, Zierkirsche, Silberweide

Vorlagen
H1, H2

Anleitung Seite 26

Herbstdrachen

Material

- Fotokarton in Orange, Bordeaux
- Wollreste in Weiß, Rotbraun
- Ahornflügel (Mund)
- Eichelhütchen (Augen)
- Erlenzapfen (Nasen)
- Eichel
- Gepresste Blätter, z. B. von Rosen
- Deckfarbe in Grün
- Borstenpinsel
- Glas mit Wasser
- Zeitungspapier
- Graupapperest

Vorlagen
I1, I2

1 Die Rautenformen von der Vorlage auf Fotokarton übertragen und ausschneiden.

2 Die Drachen auf Zeitungspapier legen. Den Borstenpinsel befeuchten, grüne Deckfarbe aufnehmen und so am Papprest abstreichen, dass die Farbe auf die Drachen spritzt, gut trocknen lassen.

3 Jeweils Ahornflügel als Mund, Eichelhütchen als Augen und einen Erlenzapfen als Nase aufkleben. Die gepressten Blätter an den Ecken befestigen.

4 Als Drachenschwanz einen 20 cm langen weißen Wollfaden auf der Rückseite festkleben. Blätterpaare und an der Drachenspitze eine rotbraune Wollschleife fixieren.

Impressum

© Christophorus
im Verlag Herder
Freiburg im Breisgau 2005

Printed in Germany
ISBN 3-419-56708-1

Lektorat und Produktion:
Elke Fox, Freiburg

Styling und Fotos:
Christoph Schmotz, Freiburg

Covergestaltung und Layoutentwurf:
Network!, München

Coverrealisierung:
smp, Freiburg

Druck:
Freiburger Graphische Betriebe

Verlag Herder GmbH
Christophorus-Verlag
Hermann-Herder-Str. 4
79104 Freiburg
Tel.: 0761/2717-0
Fax: 0761/2717-352
E-mail:
info@christophorus-verlag.de
www.christophorus-verlag.de

Weitere Titel aus dieser Reihe

3-419-56574-3

3-419-56673-5

3-419-56638-7

3-419-56592-5

Kreativ-Service

Sie haben Fragen zu den Büchern und Materialien? Frau Erika Noll ist für Sie da und berät Sie rund um die Themen Basteln und kreatives Hobby. Rufen Sie an! Wir interessieren uns auch für Ihre eigenen Ideen und Anregungen. Schreiben Sie an Frau Noll oder direkt an den Verlag, wir hören gern von Ihnen! Per E-Mail: **mail@kreativ-service.info** oder Tel. **071 50/30 27 77** | Mo. – Do.: 9.00 – 16.00 Uhr / Fr.: 9.00 – 13.00 Uhr